**essentials**

*essentials* liefern aktuelles Wissen in konzentrierter Form. Die Essenz dessen, worauf es als „State-of-the-Art" in der gegenwärtigen Fachdiskussion oder in der Praxis ankommt. *essentials* informieren schnell, unkompliziert und verständlich

- als Einführung in ein aktuelles Thema aus Ihrem Fachgebiet
- als Einstieg in ein für Sie noch unbekanntes Themenfeld
- als Einblick, um zum Thema mitreden zu können

Die Bücher in elektronischer und gedruckter Form bringen das Expertenwissen von Springer-Fachautoren kompakt zur Darstellung. Sie sind besonders für die Nutzung als eBook auf Tablet-PCs, eBook-Readern und Smartphones geeignet. *essentials:* Wissensbausteine aus den Wirtschafts-, Sozial- und Geisteswissenschaften, aus Technik und Naturwissenschaften sowie aus Medizin, Psychologie und Gesundheitsberufen. Von renommierten Autoren aller Springer-Verlagsmarken.

Weitere Bände in dieser Reihe http://www.springer.com/series/13088

Jan Seidel · Mathias Wendt

# Compliance in öffentlichen Unternehmen

Jan Seidel
Köln, Deutschland

Mathias Wendt
Köln, Deutschland

ISSN 2197-6708 ISSN 2197-6716 (electronic)
essentials
ISBN 978-3-658-15973-3 ISBN 978-3-658-15974-0 (eBook)
DOI 10.1007/978-3-658-15974-0

Die Deutsche Nationalbibliothek verzeichnet diese Publikation in der Deutschen Nationalbibliografie; detaillierte bibliografische Daten sind im Internet über http://dnb.d-nb.de abrufbar.

Springer Gabler


Gedruckt auf säurefreiem und chlorfrei gebleichtem Papier

Springer Gabler ist Teil von Springer Nature
Die eingetragene Gesellschaft ist Springer Fachmedien Wiesbaden GmbH
Die Anschrift der Gesellschaft ist: Abraham-Lincoln-Str. 46, 65189 Wiesbaden, Germany

# Was Sie in diesem *essential* finden können

- Eine Einführung in die besonderen Haftungs- und Reputationsrisiken, denen öffentliche Unternehmen ausgesetzt sind
- Eine Übersicht über die besonderen Compliance-Vorgaben für öffentliche Unternehmen aus kommunalen Public Corporate Governance Kodizes

# Inhaltsverzeichnis

# 1 Einleitung

Schwächen des Managementsystems, aufgrund derer die Einhaltung von gesetzlichen Anforderungen und internen Regelungen nicht sichergestellt war, haben in Unternehmen in der Vergangenheit in vielen Fällen zu signifikanten Vermögensverlusten, schweren Reputationsschäden sowie zu erheblichen (Haftungs-)Risiken für die Mitglieder der Leitungs- und Aufsichtsgremien geführt. Vor diesem Hintergrund werden in Unternehmen zunehmend Compliance Management Systeme eingerichtet, die einen wichtigen Beitrag dazu leisten können, das Risiko von Regelverstößen zu reduzieren.

Betraf diese Entwicklung zunächst vor allem Unternehmen der Privatwirtschaft, sind in jüngerer Zeit zunehmend auch öffentliche Unternehmen stärker in den Fokus gerückt. Denn auch bei öffentlichen Unternehmen sind in den letzten Jahren immer wieder Fälle von Regelverstößen und ethisch zweifelhaftem Verhalten bekannt geworden. Der Bund sowie viele Bundesländer und Kommunen haben hierauf mit der Einführung von Antikorruptionsmaßnahmen sowie mit der Erarbeitung von Public Corporate Governance-Kodizes, Beteiligungsrichtlinien oder Leitlinien für die in öffentlichen Unternehmen tätigen Aufsichts- und Verwaltungsräte reagiert (vgl. Wendt 2016a, S. 288–292). In diesem Zusammenhang hat auch das Thema Compliance in den letzten Jahren zunehmend an Bedeutung für die öffentlichen Unternehmen gewonnen.

Die Einhaltung von externen Vorgaben und internen Regelungen ist für den öffentlichen Sektor in Deutschland kein neues Thema, denn die öffentliche Verwaltung ist in Deutschland traditionell auf die Sicherstellung eines rechtmäßigen und ordnungsgemäßen Verwaltungshandelns ausgerichtet (vgl. Stober 2012, S. 398). Auch war es immer schon Teil des Selbstverständnisses öffentlicher Institutionen, dass sie sich in besonderer Weise dem Gemeinwesen und damit auch den Regelungen, die dem Schutz und der Förderung des Gemeinwesens dienlich sind, verpflichtet fühlen.



J. Seidel und M. Wendt, *Compliance in öffentlichen Unternehmen*,
essentials, DOI 10.1007/978-3-658-15974-0_1

Die hohen Erwartungen der Öffentlichkeit gerade an öffentliche Unternehmen, das große Interesse der Medien an tatsächlichem oder vermeintlichem Fehlverhalten von Unternehmen und die zu erwartenden weiteren Aktivitäten der Regulierer auf der nationalen und der europäischen Ebene dürften maßgeblich dazu beitragen, dass das Thema Compliance zukünftig weiter an Bedeutung für öffentliche Unternehmen gewinnt.

In der vorliegenden Einführung in die Public Corporate Compliance werden die bestehenden Compliance-bezogenen Anforderungen, die maßgeblichen Haftungs- und Reputationsrisiken, die in der Praxis besonders relevanten Compliance-Themenfelder sowie die wesentlichen Elemente eines wirksamen Compliance Management Systems für öffentliche Unternehmen verbunden mit konkreten Tipps für die Umsetzung in der Praxis dargestellt.

# Haftungs- und Reputationsrisiken von öffentlichen Unternehmen

# 2

## 2.1 Einführung

Eine Besonderheit der öffentlichen Unternehmen ist die Vielfalt ihrer Organisationsformen. Öffentliche Unternehmen können privatrechtlich organisiert sein, etwa als Gesellschaft mit beschränkter Haftung (GmbH) oder (vorbehaltlich entgegenstehenden Kommunalrechts) als Aktiengesellschaft (AG). In diesem Fall unterscheiden sie sich nur in einigen kommunalrechtlich begründeten Aspekten von privaten Unternehmen, nicht jedoch bei der Haftung der verantwortlichen Personen im Unternehmen.

Die öffentliche Hand kann ihre Unternehmen auch in öffentlich-rechtlicher Form organisieren. In der Praxis häufig anzutreffen sind der Regiebetrieb, der Eigenbetrieb, die Anstalt öffentlichen Rechts und der Zweckverband. Diese Organisationsformen haben jeweils spezifische Voraussetzungen und wirken sich in unterschiedlicher Weise auf das operative Geschäft aus. Bezüglich der Haftung der in Leitungs- und Aufsichtsgremien verantwortlichen Personen bestehen jedoch zwischen einem Privatunternehmen und einem öffentlichen Unternehmen in privater Form keine nennenswerten Unterschiede.

Allerdings werden an öffentliche Unternehmen besondere Anforderungen gestellt, die sich aus der Eigentümerstruktur und dem besonderen Pflichtenkreis der öffentlichen Unternehmen ergeben. Durch die öffentliche Trägerschaft und die Bindung an die Gemeinwohlorientierung genießen öffentliche Unternehmen ein hohes Ansehen in der Bevölkerung. Zugleich stehen sie aber auch unter einem besonderen Erwartungsdruck. Ihre Aktivitäten werden von Medien und Öffentlichkeit kritisch verfolgt. Sie unterliegen zudem spezifischen rechtlichen Anforderungen, wie zum Beispiel dem Vergaberecht, das nur für öffentliche Auftraggeber gilt. Daneben bestehen für öffentliche Unternehmen auch in Bezug auf ihre wirtschaftliche



J. Seidel und M. Wendt, *Compliance in öffentlichen Unternehmen*,
essentials, DOI 10.1007/978-3-658-15974-0_2

Betätigung besondere Beschränkungen und Pflichten, wie beispielsweise die Bindung an den öffentlichen Zweck, die Pflicht der Kommune zur Einwirkung auf das Unternehmen im Sinne dieser Zweckbindung (Ingerenzpflicht) sowie der sorgsame Umgang mit öffentlichem Vermögen.

Bereits die Gründung eines öffentlichen Unternehmens muss durch einen öffentlichen Zweck gerechtfertigt sein. Entsprechend sind die rechtlichen Verhältnisse des Unternehmens, insbesondere die Satzung, so zu gestalten, dass die handelnden Organe an den öffentlichen Zweck gebunden sind, die Kommune einen angemessenen Einfluss auf die Geschäftstätigkeit behält und eine unangemessene, insbesondere unbeschränkte Haftung der Kommune ausgeschlossen ist. Ein viel diskutiertes Beispiel hierfür stellt die Frage des Bestehens eines Weisungsrechts der Kommune gegenüber den von ihr entsandten Mitgliedern eines fakultativen Aufsichtsrats dar, das dem deutschen Gesellschaftsrecht eigentlich fremd ist, aber in vielen kommunalrechtlichen Bestimmungen vorausgesetzt wird (z. B. § 113 GO NRW, Art. 93 BayGO).

## 2.2 Haftung der Leitungsgremien (Geschäftsführung bzw. Vorstand)

Hinsichtlich der Haftung des Leitungspersonals unterscheiden sich öffentliche Unternehmen nicht nennenswert von privaten Unternehmen. Für die operative Tätigkeit bedeutsam ist die **zivilrechtliche Haftung** des Leitungsgremiums gegenüber dem Unternehmen beziehungsweise der dahinter stehenden Körperschaft. Der Geschäftsführer einer GmbH etwa haftet gemäß § 43 GmbHG der Gesellschaft für den Schaden, den er durch Verletzung seiner Pflicht zur Sorgfalt eines ordentlichen Geschäftsmanns verursacht hat. Zu seinen gesetzlich definierten und höchsten Sorgfaltspflichten gehört es, sicherzustellen, dass die Gesellschaft ihre gesetzlichen Verpflichtungen erfüllt. Darüber hinaus zählt die Rechtsprechung auch die Einhaltung der Gebote der Sparsamkeit und Wirtschaftlichkeit zu den Sorgfaltspflichten des Geschäftsführers eines kommunalen Unternehmens der Daseinsvorsorge. Schließlich ist der Geschäftsführer gemäß §§ 41, 42 GmbHG zur ordnungsgemäßen Buchführung verpflichtet. Verursacht der Geschäftsführer durch die Verletzung einer dieser Pflichten einen Schaden des Unternehmens, ist er zum Ersatz verpflichtet. Ähnliche Pflichten bestehen auch für Mitglieder von Leitungsgremien in öffentlich-rechtlich organisierten Unternehmen wie dem Leiter eines Eigenbetriebs (bei Beamten Art. 34 S. 2 GG, § 48 BeamtStG), dem Vorstand einer Anstalt öffentlichen Rechts (§ 93 AktG analog) oder dem Verbandsvorsitzenden eines Zweckverbands (§§ 662 ff., 280 Abs. 1 BGB).

Begeht ein Mitglied eines Leitungsgremiums im Rahmen seines geschäftlichen Aufgabenkreises eine **Ordnungswidrigkeit**, so kann eine Geldbuße gemäß § 30 OWiG wahlweise gegen den Geschäftsführer persönlich oder gegen das Unternehmen verhängt werden. Wird eine Ordnungswidrigkeit durch einen Mitarbeiter begangen, kann auch der verantwortliche Geschäftsführer gemäß §§ 9, 130 OWiG hierfür belangt werden. Von besonderer Bedeutung ist in diesem Zusammenhang § 130 OWiG. Nach dieser Vorschrift stellt das **Unterlassen gehöriger Aufsichtsmaßnahmen** eine eigene Tathandlung dar, die geahndet werden kann, wenn es zu einer Zuwiderhandlung durch einen Mitarbeiter kommt. Die Aufsichtsmaßnahmen müssen geeignet sein, eine Zuwiderhandlung durch Mitarbeiter eines Unternehmens zu verhindern beziehungsweise wesentlich zu erschweren.

Die **strafrechtliche** Haftung ist eine ausschließlich persönliche Verantwortlichkeit, die nur den Geschäftsführer oder Mitarbeiter persönlich treffen kann, nicht hingegen das Unternehmen, für welches sie gehandelt haben. Eine zunehmende Rolle spielt die strafrechtliche Verfolgung von Geschäftsführern und Mitarbeitern von Unternehmen wegen „Unterlassens", wenn die aktive Tathandlung durch andere Mitarbeiter des Unternehmens begangen wurde. Mitarbeiter von öffentlichen Unternehmen sieht die Rechtsprechung sogar tendenziell in einer strafrechtlich stärker sanktionierten Verantwortungsstellung als dies bei privaten Unternehmen der Fall ist, weil sich jene nicht nur im Rahmen der Gesetze zu bewegen haben, sondern der Gesetzesvollzug das Kernstück ihrer Geschäftstätigkeit darstellt. Dies gilt nicht nur für Amtsträger, sondern auch für öffentliche Angestellte. Im Bereich hoheitlicher Tätigkeiten ist daher davon auszugehen, dass Mitarbeiter eines öffentlichen Unternehmens, die ein ihnen bekanntes strafbares Verhalten anderer Mitarbeiter nicht unterbinden, obwohl sie dazu in der Lage wären, stets Gefahr laufen, sich selber strafbar zu machen.

## 2.3 Haftung der Aufsichtsräte

Auch die Haftung von Aufsichtsräten in öffentlichen Unternehmen richtet sich grundsätzlich nach den gleichen Vorschriften wie in privaten Unternehmen. Maßgeblich sind die Vorgaben des AktG zu Rechten, Pflichten und Haftung von Aufsichtsräten. Da im kommunalen Bereich häufig die Rechtsform der GmbH anzutreffen ist, die ein Abweichen von den Vorgaben des AktG ermöglicht (§ 52 GmbHG), kann oft erst nach einem Blick in die jeweilige Unternehmenssatzung die Reichweite der Rechte und Pflichten der jeweiligen Aufsichtsräte abgeschätzt werden.

Aufgrund des kommunalen Hintergrunds bestehen jedoch mehrere Besonderheiten, die zu einer spezifischen Haftungslage kommunaler Aufsichtsräte führen. Denn diese sind „Diener zweier Herren", da sie nicht nur die aktienrechtliche Überwachungsfunktion innehaben, sondern zugleich Teil der kommunalen Unternehmenssteuerung sind. Die meisten Gemeindeordnungen verpflichten die Kommunen, sich einen angemessenen Einfluss auf ihre Unternehmen, insbesondere in einem Überwachungsorgan wie dem Aufsichtsrat zu sichern (z. B. Art. 93 BayGO, § 108 GO NRW). Dies führt zu Zielkonflikten mit den aktienrechtlichen Regeln, die vor allem in zwei Ausprägungen sichtbar werden. Einerseits betrifft dies die Frage, ob und inwieweit kommunale Aufsichtsräte den sie entsendenden Gemeinden Berichte aus ihrer Aufsichtstätigkeit erstatten müssen. Das Aktienrecht statuiert eine Verschwiegenheitspflicht für Aufsichtsräte, deren Verletzung strafrechtlich sanktioniert ist (§ 404 AktG). Für kommunale Aufsichtsräte erkennt es eine Ausnahme hinsichtlich der Berichte an, die die Aufsichtsräte der sie entsendenden Gemeinde zu erstatten haben; insbesondere bei Betriebs- und Geschäftsgeheimnissen gilt dies aber nur, wenn die Kenntnis für die Zwecke der Berichte von Bedeutung ist (§ 394 AktG). Demgegenüber geht das Kommunalrecht vielfach davon aus, dass von einer Gemeinde entsandte Aufsichtsräte diese frühzeitig über alle wichtigen Angelegenheiten informieren, sofern gesetzlich nichts anderes bestimmt ist (vgl. Art. 93 Abs. 2 Satz 2 BayGO; § 113 Abs. 5 GO NRW). Die zahlreichen Vorbehalte und Wertungsfragen in beiden Regelwerken („zu erstatten haben", „für die Zwecke der Berichte von Bedeutung", „wichtige Angelegenheiten", „soweit gesetzlich nichts anderes bestimmt") bedeuten angesichts der Strafandrohung des § 404 AktG eine erhebliche Unsicherheit für das einzelne Aufsichtsratsmitglied, zumal dieses Spannungsfeld zwischen Aktien- und Kommunalrecht seitens der Rechtsprechung bislang noch nicht vollständig durchdrungen ist. Als Praxistipp kann daher nur das viel zitierte „Need-to-know-Prinzip" dienen, nach dem jedem nur das berichtet werden sollte, was derjenige für die Wahrnehmung seiner Aufgaben unbedingt wissen muss.

Andererseits betrifft dies das Reizthema der kommunalen Weisungsbefugnis. Das Aktienrecht geht von einer Unabhängigkeit des Aufsichtsrats aus, mit der Weisungen an Aufsichtsratsmitglieder nicht zu vereinbaren sind. Der seitens des Kommunalrechts geforderte Einfluss der Gemeinden auf ihre Unternehmen hingegen führt dazu, dass viele Gemeindeordnungen solche Weisungen ausdrücklich vorsehen, soweit sie gesetzlich zulässig sind (vgl. Art. 93 Abs. 2 Satz 3 BayGO; § 113 Abs. 1 GO NRW). Der Vorbehalt der Zulässigkeit führt, da das Aktienrecht als Bundesrecht den landesrechtlichen Gemeindeordnungen vorgeht, zu einer differenzierten Betrachtung: soweit das Aktienrecht zwingend anzuwenden ist (dies ist bei Aktiengesellschaften und bei GmbHs mit zwingendem Aufsichtsrat der Fall), kommt ein wirksames Weisungsrecht nicht in Betracht. In diesen Fällen kommt allenfalls ein indirektes Druckmittel der entsendenden Gemeinde über die Möglichkeit der Abberufung von Aufsichtsräten in Betracht. Lediglich im Falle von GmbHs mit freiwilligem Aufsichtsrat ist folglich ein Weisungsrecht überhaupt denkbar. Dazu muss es aber ausdrücklich in der Satzung vorgesehen sein, wie dies etwa Art. 93 Abs. 2 Satz 3 BayGO und § 113 Abs. 1 GO NRW vorgeben, oder das Fehlen muss auf einer planwidrigen Lücke beruhen, die durch Auslegung zugunsten eines Weisungsrechts geschlossen werden kann.

Schließlich ist auf eine besondere Haftungsfreistellung kommunaler Aufsichtsräte hinzuweisen. Werden sie aus ihrer Tätigkeit als Aufsichtsräte haftbar gemacht, stellt die entsendende Gemeinde sie von der Haftung frei. Bei grober Fahrlässigkeit oder Vorsatz gilt dies allerdings nur, wenn das schädigende Verhalten auf einer Weisung der Gemeinde beruht (vgl. Art. 93 Abs. 3 BayGO; § 113 Abs. 6 GO NRW). Aufgrund der in der Praxis bestehenden Schwierigkeit der Abgrenzung zwischen einfacher und grober Fahrlässigkeit ist dieses Haftungsprivileg jedoch kein Freibrief für Sorglosigkeit.

# 3 Besondere Vorgaben für öffentliche Unternehmen – Public Corporate Governance Kodizes

Mit dem Ziel, das Zusammenspiel der für öffentliche Unternehmen relevanten Akteure (Leitungs- und Aufsichtsgremien, Beteiligungsverwaltung, Rat etc.) zu steuern und die sich hieraus ergebenden Anforderungen und Verantwortlichkeiten zu kommunizieren, haben – dem Vorbild des Deutschen Corporate Governance Kodex folgend – Bundesländer und größere Kommunen in den letzten Jahren zunehmend eigene Public Corporate Governance-Kodizes als Regelwerke für ihre öffentlichen Unternehmen etabliert. Inzwischen haben zahlreiche Kommunen bzw. Kreise entsprechende Kodizes veröffentlicht.

Alle Kodizes beinhalten primär Empfehlungen und Anregungen. Die öffentlichen Unternehmen können von den Empfehlungen abweichen, sind dann aber prinzipiell dazu verpflichtet, dies in einem Corporate Governance-Bericht oder als Anlage des Jahresabschlusses offenzulegen und zu begründen (comply or explain). Von den Anregungen können sie ohne öffentliche Begründung abweichen. Die Public Corporate Governance-Kodizes sollen eine transparente Grundlage für die Ausgestaltung der Steuerung und Überwachung von öffentlichen Unternehmen schaffen und auf diese Weise einen Beitrag dazu leisten, Risiken aus der öffentlichen Unternehmenstätigkeit zu reduzieren.

Alternativ nutzen einige Kommunen Beteiligungsrichtlinien zur Steuerung ihrer Beteiligungsunternehmen, die allerdings im Unterschied zu den Kodizes kein „comply or explain"-Prinzip vorsehen.

In jüngster Zeit ist – mit zeitlicher Verzögerung gegenüber entsprechenden Entwicklungen im Bereich der privaten (börsennotierten) Unternehmen – eine Tendenz zur expliziten Aufnahme des Themas „Compliance" in kommunale Public Corporate Governance Kodizes zu erkennen.



J. Seidel und M. Wendt, *Compliance in öffentlichen Unternehmen*, essentials, DOI 10.1007/978-3-658-15974-0_3

Tab. 3.1 enthält eine Übersicht der in den „aktuell" geltenden Public Corporate Governance Kodizes enthaltenen Anforderungen bzw. Regelungen mit explizitem Bezug zum Thema Compliance.[1]

**Tab. 3.1** Explizite Compliance-Anforderungen in bestehenden Public Corporate Governance Kodizes bzw. Beteiligungsrichtlinien

| Public Corporate Governance Kodex (Datum) | Anforderungen mit (explizitem) Bezug zu Compliance |
|---|---|
| Bundesrepublik Deutschland (30.06.2009) | • „Die **Geschäftsleitung** informiert das Überwachungsorgan (...) über Compliance (...)." (vgl. Ziffer 3.1.3)<br>• „Die **Geschäftsleitung** hat für die Einhaltung der gesetzlichen Bestimmungen und der unternehmensinternen Richtlinien zu sorgen und wirkt auch auf deren Beachtung durch die Konzernunternehmen hin." (vgl. Ziffer 4.1.2) |
| Baden-Württemberg (08.01.2013) | • „Die **Geschäftsleitung** hat für die Einhaltung der gesetzlichen Bestimmungen und der unternehmensinternen Richtlinien zu sorgen und wirkt auch auf deren Beachtung durch die Konzernunternehmen hin (Compliance)." (vgl. S. 9)<br>• „Die für Compliance im Unternehmen zuständige Stelle soll unmittelbar der **Geschäftsleitung** unterstellt werden." (vgl. S. 10)<br>• „Die **Geschäftsleitung** informiert das Überwachungsorgan (...) über alle für das Unternehmen relevanten Fragen (...) der Compliance (...)." (vgl. S. 28) |
| Berlin (17.02.2009) | • „Die **Geschäftsleitung** hat den Aufsichtsrat (...) über alle für das Unternehmen relevanten Fragen (...) der Compliance zu unterrichten." (vgl. S. 2)<br>• „Die **Geschäftsleitung** hat für die Einhaltung der gesetzlichen Bestimmungen und der unternehmensinternen Richtlinien zu sorgen; auf der Einhaltung in ihren Konzernunternehmen wirkt sie hin (Compliance)." (vgl. S. 2)<br>• „Der **Aufsichtsrat** soll einen Prüfungsausschuss (Audit Committee) einrichten, der sich insbesondere mit Fragen (...) der Compliance (...) befasst." (vgl. S. 4) |

(Fortsetzung)

[1] Stand: 31.12.2015.

**Tab. 3.1** (Fortsetzung)

| Public Corporate Governance Kodex (Datum) | Anforderungen mit (explizitem) Bezug zu Compliance |
|---|---|
| Brandenburg (21.09.2010) | • „Die **Geschäftsleitung** soll den Aufsichtsrat über alle für das Unternehmen relevanten Fragen (…) der Compliance (…) informieren." (vgl. Ziffer 2.2)<br>• „Die **Geschäftsleitung** hat für die Einhaltung der rechtlichen Bestimmungen und der unternehmensinternen Richtlinien zu sorgen und wirkt auch auf deren Beachtung durch die Konzernunternehmen hin (Compliance)." (vgl. Ziffer 3.1) |
| Hamburg (26.03.2013) | • „Der **Aufsichtsratsvorsitzende** soll zwischen den Sitzungen mit der Geschäftsführung (…) Fragen (…) der Compliance (Regeltreue) des Unternehmens beraten." (vgl. Ziffer 5.2) |
| Nordrhein-Westfalen (19.03.2013) | • „Die **Geschäftsleitung** hat für die Einhaltung der gesetzlichen Bestimmungen und der unternehmensinternen Richtlinien zu sorgen und wirkt auch auf deren Beachtung durch die Konzernunternehmen hin (Compliance)." (vgl. Ziffer 3.3.2)<br>• „Die **Geschäftsleitung** informiert das Überwachungsorgan (…) über alle für das Unternehmen relevanten Fragen (…) der Compliance (…)." (vgl. Ziffer 5.1.4) |
| Rheinland-Pfalz (03.12.2013) | • „Die **Geschäftsleitung** hat für die Einhaltung der gesetzlichen Bestimmungen und der unternehmensinternen Richtlinien zu sorgen und wirkt auch auf deren Beachtung durch die Konzernunternehmen hin (Compliance)." (vgl. S. 8)<br>• „Die für Compliance im Unternehmen zuständige Stelle (Compliance Beauftragte/Compliance Beauftragter bzw. Innenrevision) soll unmittelbar der **Geschäftsleitung** unterstellt werden." (vgl. S. 9) |

(Fortsetzung)

**Tab. 3.1** (Fortsetzung)

| Public Corporate Governance Kodex (Datum) | Anforderungen mit (explizitem) Bezug zu Compliance |
|---|---|
| Sachsen-Anhalt (16.12.2013) | • „Die **Geschäftsleitung** soll den Aufsichtsrat über alle für das Unternehmen relevanten Fragen (…) der Compliance (…) informieren." (vgl. Ziffer 2.2)<br>• „Die **Geschäftsleitung** hat für die Einhaltung der rechtlichen Bestimmungen und der unternehmensinternen Richtlinien zu sorgen und wirkt auch auf deren Beachtung durch die Konzernunternehmen hin (Compliance)." (vgl. Ziffer 3.1) |
| Darmstadt (16.12.2014) | • „Es soll eine Richtlinie zur Compliance und/ oder Antikorruption geben." (vgl. Ziffer 5.8) |
| Flensburg (21.06.2012) | • „Die **Geschäftsführung** hat für die Einhaltung der gesetzlichen Bestimmungen und der unternehmensinternen Richtlinien zu sorgen und wirkt auch auf deren Beachtung durch bestehende Konzernunternehmen hin." (vgl. Ziffer 6.2.4) |
| Fürth (25.01.2012) | • „Der/ die **Geschäftsführer** informiert/ informieren den Aufsichtsrat (…) über alle für das Unternehmen relevanten Fragen (…) der Compliance (…)." (vgl. Ziffer 3.1.3)<br>• „Der/ die **Geschäftsführer** hat/haben für die Einhaltung der gesetzlichen Bestimmungen und der unternehmensinternen Richtlinien zu sorgen und wirkt/wirken auch auf deren Beachtung durch die Konzernunternehmen hin (Compliance)." (vgl. Ziffer 4.1.2) |
| Halle (Saale) (25.06.2014) | • „Die **Unternehmensleitung** hat ein funktionsfähiges Steuerungs- und Überwachungssystem zu implementieren. Dazu zählen insbesondere (…) ein Compliance Management System (CMS)." (vgl. Ziffer 3.2)<br>• „Die Mitglieder des Aufsichtsrats sind (seitens des **Vorstands**) über alle relevanten Sachverhalte zu informieren, insbesondere hinsichtlich (…) der unternehmensinternen Richtlinien (Compliance)." (vgl. Ziffer 3.8)<br>• „Der **Aufsichtsrat** hat (…) die Einhaltung der gesetzlichen Bestimmungen und der unternehmensinternen Richtlinien (Compliance) (…) zu überwachen." (vgl. Ziffer 2.3) |

(Fortsetzung)

**Tab. 3.1** (Fortsetzung)

| Public Corporate Governance Kodex (Datum) | Anforderungen mit (explizitem) Bezug zu Compliance |
|---|---|
| Köln (20.09.2012) | • „**Aufsichtsräte** größerer Gesellschaften **sollten** einen Prüfungsausschuss (Audit Committee) einrichten, der sich insbesondere mit Fragen (…) der Compliance (…) befasst.“ (vgl. Ziffer 2.4.2) |
| Leipzig (11.12.2013) | • „Die **Geschäftsführung** hat im Unternehmen dafür zu sorgen, dass sowohl die gesetzlichen Bestimmungen als auch unternehmensinterne Regelungen eingehalten werden. Sie hat ferner auf deren Beachtung hinzuwirken (Compliance/ Regelüberwachung).“ (vgl. Ziffer 8.1.9)<br>• „Mindestens einmal jährlich soll (…) über die Compliance/ Regelüberwachung Bericht erstattet werden.“ (vgl. Ziffer 9.2)<br>• „Wurde durch den **Aufsichtsrat** ein Finanz- oder Prüfungsausschuss eingerichtet, soll sich dieser insbesondere befassen mit: (…) Fragen der Compliance/Regelüberwachung inkl. des LCGK (…)“ (vgl. Ziffer 7.4.3) |
| Lübeck (26.06.2014) | • „Aufgaben und Zuständigkeiten des **Aufsichtsrates**: Einrichtung und Anwendung eines wirksamen Steuerungs-, Kontroll-, Compliance- und Risikomanagementsystems durch die Geschäftsführung.“ (vgl. Ziffer B.2.3.3) |
| Lüneburg (19.03.2012) | • „Die **Geschäftsführung** hat für die Einhaltung der gesetzlichen Bestimmungen und der unternehmensinternen Richtlinien zu sorgen und wirkt auch auf deren Beachtung durch die direkten und mittelbaren Beteiligungen hin (Compliance).“ (vgl. Ziffer 4.2.2)<br>• „Die **Geschäftsführung** informiert den Aufsichtsrat (…) über alle für das Unternehmen relevanten Fragen (…) der Compliance (…).“ (vgl. Ziffer 5.1.4) |
| Mülheim (03.02.2014) | • „Die **Geschäftsführung** stellt einmal pro Geschäftsjahr den Tätigkeitsbericht zur Compliance im Aufsichtsrat vor.“ (vgl. S. 3) |

(Fortsetzung)

**Tab. 3.1** (Fortsetzung)

| Public Corporate Governance Kodex (Datum) | Anforderungen mit (explizitem) Bezug zu Compliance |
|---|---|
| Saarbrücken<br>(Stand: 02.2010) | • „Die **Geschäftsleitung** informiert den Aufsichtsrat (...) über alle für das Unternehmen relevanten Fragen der Planung (...) der Einhaltung von Pflichten aus Rechtsvorschriften bzw. Richtlinien (Compliance)." (vgl. S. 6)<br>• „Die **Geschäftsleitung** hat für die Einhaltung der gesetzlichen Bestimmungen und der unternehmensinternen Richtlinien zu sorgen und wirkt auf deren Beachtung durch bestehende Konzernunternehmen hin (Compliance)." (vgl. S. 16)<br>• „Der **Aufsichtsrat** soll einen Prüfungsausschuss (Audit Committee) einrichten, der sich insbesondere mit Fragen (...) der Compliance (...) befasst." (vgl. S. 11) |
| Stuttgart<br>(27.10.2011) | • „Die **Geschäftsführung** hat für die Einhaltung der gesetzlichen Bestimmungen und der unternehmensinternen Richtlinien (Compliance) zu sorgen und wirkt auch auf deren Beachtung durch die Konzernunternehmen hin." (Ziffer 3.2.12) |
| Völklingen<br>(08.12.2011) | • „Die **Geschäftsleitung** informiert den Aufsichtsrat (...) über alle für das Unternehmen relevanten Fragen (...) der Einhaltung von Pflichten aus Rechtsvorschriften bzw. Richtlinien (Compliance)." (vgl. S. 5)<br>• „Die **Geschäftsleitung** hat für die Einhaltung der gesetzlichen Bestimmungen und der unternehmensinternen Richtlinien zu sorgen und wirkt auf deren Beachtung durch bestehende Konzernunternehmen hin (Compliance)." (vgl. S. 10)<br>•„Der **Aufsichtsrat** soll einen Prüfungsausschuss (Audit Committee) einrichten, der sich insbesondere mit Fragen (...) der Compliance (...) befasst." (vgl. S. 8) |

# Relevante Compliance-Themenfelder für öffentliche Unternehmen

4

## 4.1 Einführung

Compliance Management zielt darauf, die Einhaltung von externen und internen Vorgaben durch die Leitungsgremien und die Mitarbeiter eines Unternehmens sicherzustellen. Da somit potenziell alle für ein Unternehmen geltenden Regelungsbereiche für ein Compliance Management von Belang sein können, sind Unternehmen darauf angewiesen, durch eine strukturierte Aufnahme und Bewertung ihrer Compliance-Risiken („Compliance Risk Assessment") besonders relevante Handlungsfelder zu identifizieren. Als für öffentliche Unternehmen bedeutsam werden in der Praxis häufig die in Abb. 4.1 aufgeführten Themenfelder genannt.[1]

Im Folgenden werden die für viele öffentliche Unternehmen besonders praxisrelevanten Compliance-Themenfelder Antikorruption, Fraudprävention, Vergaberecht, Beihilfenrecht und Steuerrecht näher erläutert. Dabei kann es sich jedoch naturgemäß nur um einen Ausschnitt handeln. Hinzuweisen ist in diesem Zusammenhang etwa darauf, dass durch die bis Anfang 2018 von den betroffenen Unternehmen, insbesondere von Betreibern sogenannter kritischer Infrastrukturen umzusetzenden Vorgaben des IT-Sicherheitsgesetzes die Bedeutung des Themas IT-Sicherheit auch für jene öffentlichen Unternehmen, die nach dem IT-Sicherheitsgesetz nicht direkt verpflichtet sind, zukünftig deutlich zunehmen dürfte.

[1]Vgl. hierzu auch Verband kommunaler Unternehmen, 2014.



J. Seidel und M. Wendt, *Compliance in öffentlichen Unternehmen*,
essentials, DOI 10.1007/978-3-658-15974-0_4

**Abb. 4.1** Compliance-Themenfelder für öffentliche Unternehmen

## 4.2 Antikorruption und Fraudprävention

Auch aufgrund zahlreicher öffentlichkeitswirksamer Skandale hat sich in privaten aber auch in öffentlichen Unternehmen in Deutschland mittlerweile die Einsicht durchgesetzt, dass angesichts der bestehenden Gefährdungslage im Bereich der Wirtschaftskriminalität präventive Maßnahmen unverzichtbar sind. Auch auf der internationalen Ebene – z. B. im Rahmen der UN Global Compact Initiative – wird die besondere Bedeutung der Korruptionsbekämpfung für die nachhaltige Funktionsfähigkeit der Wirtschaft hervorgehoben.

Als Wirtschaftskriminalität werden Straftaten und Ordnungswidrigkeiten bezeichnet, bei denen das in der Wirtschaft vorhandene Vertrauensprinzip missbraucht und eine Schädigung des Unternehmens beabsichtigt oder billigend in Kauf genommen wird (vgl. KPMG 2006, S. 5).

Neben den klassischen Kategorien der Vermögensschädigung und der Bilanzfälschung (d. h. der falschen Darstellung der finanziellen Lage eines Unternehmens) führt die Association of Certified Fraud Examiners (ACFE) „Korruption“ als dritte Kategorie von Wirtschaftskriminalität auf. Nachstehende Übersicht, der sogenannte „Fraud Tree“ der ACFE (Abb. 4.2), zeigt diese drei Kategorien und benennt wesentliche Erscheinungsformen in der Praxis.

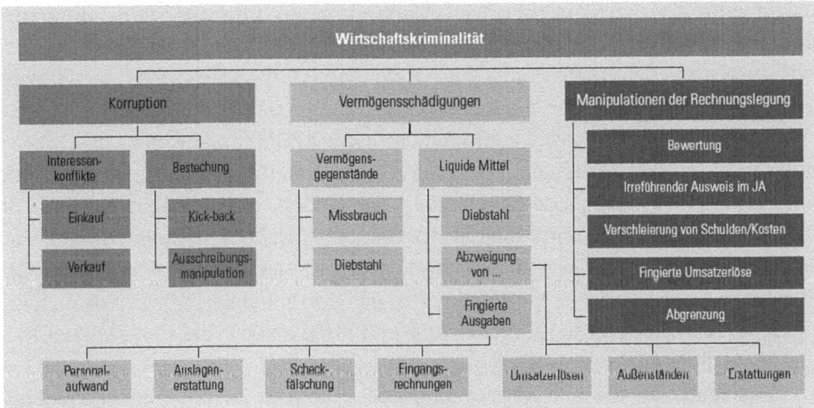


**Abb. 4.2** Klassifizierung von Wirtschaftskriminalität „Fraud Tree“, Association of Certified Fraud Examiners (ACFE), 1996

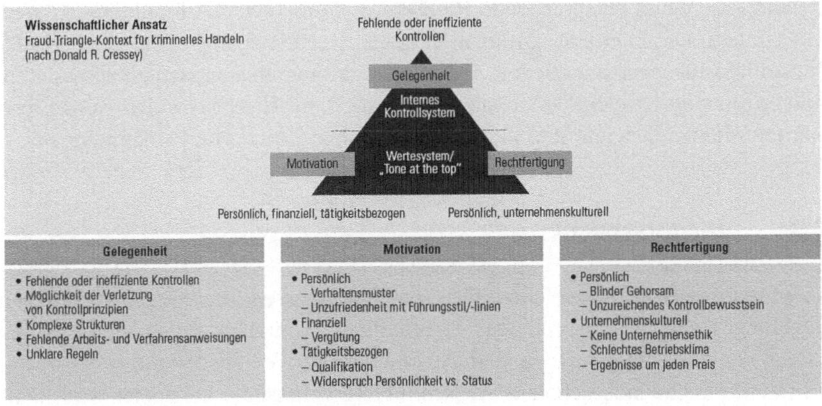


**Abb. 4.3** Eigene Darstellung angelehnt an den Ansatz von Cressey

Ein bekannter Erklärungsansatz für Wirtschaftskriminalität, das sogenannte „Fraud Triangle“, hebt drei grundlegende Faktoren hervor, die regelmäßig bei der Begehung einer wirtschaftskriminellen Handlung/Straftat zusammentreffen: **Gelegenheit**, **Motivation** und **Rechtfertigung** (Abb. 4.3).

Wirtschaftskriminelle Handlungen werden demnach im Regelfall dann auftreten, wenn in der Person des Täters Gelegenheit, Motivation und Rechtfertigung zusammentreffen. Zunächst hat jeder Täter ein Motiv für eine Fehlhandlung. Es kann sich dabei um finanzielle Sorgen, Spielsucht oder Ähnliches handeln. Darüber hinaus existieren auch nicht-finanzielle Motive, beispielsweise der Wunsch nach einer Steigerung der eigenen Anerkennung oder das Ziel, eine positive Entwicklung für das eigene Unternehmen herbeizuführen. Aufgrund des Motivs beginnt der potenzielle Täter, nach einer Gelegenheit Ausschau zu halten. Als Gelegenheit wird dabei jede Möglichkeit verstanden, eine wirtschaftskriminelle Handlung zu begehen, ohne eine Aufdeckung befürchten zu müssen. Relevant hierfür sind die vorhandenen Informationen und die technischen Fähigkeiten des Einzelnen. An dieser Stelle kommen neben der Persönlichkeit des Täters auch die konkrete Ausgestaltung der Organisation und insbesondere die umgesetzten Präventionsmaßnahmen in den Blick.

Ausgehend von der o. a. Darstellung des „Fraud Triangle" können Präventionsmaßnahmen grob in technische („harte") Kontrollen sowie in Maßnahmen, die persönlichkeitsbezogene („weiche") Aspekte betreffen, unterteilt werden. Der Faktor „Gelegenheit" kann zum großen Teil über „harte" Kontrollen ausgeschlossen werden. Damit sind in weitestem Sinne Maßnahmen der Fraudprävention gemeint, die durch entsprechende Prozessgestaltung „technisch" umgesetzt werden können. Die Faktoren „Motivation" und „Rechtfertigung" sind eher auf der Persönlichkeitsebene angesiedelt. Um diese Faktoren angemessen zu adressieren, sind sogenannte „weiche" Maßnahmen erforderlich. Hierbei handelt es sich primär um Maßnahmen zur Stärkung der Compliance-Kultur eines Unternehmens.

## 4.3 Vergaberecht

Verantwortliche in öffentlichen Unternehmen müssen die vergaberechtlichen Regelungen sehr genau beachten, da öffentliche Unternehmen in vielen Fällen an das Vergaberecht gebunden sind. Aus Fehlern im Vergabeverfahren, erst recht, wenn auf eine an sich gebotene Ausschreibung vollständig verzichtet wird, können dem Unternehmen erhebliche Risiken entstehen, deren Realisierung ihrerseits auf die verantwortlichen Personen zurückfallen kann.

Der offensichtlichste Verstoß gegen die vergaberechtlichen Bestimmungen ist der völlige **Verzicht auf eine Ausschreibung** und die direkte Beauftragung eines Unternehmens mit der Erbringung von Bau-, Dienst- oder Lieferleistungen. Eine solche Direktvergabe ist nur in absoluten Ausnahmefällen zulässig. Diese Ausnahmen liegen aber oft nicht vor; stattdessen wird etwa auf die bisherige gute Zusammenarbeit, auf die Komplexität einer Ausschreibung oder darauf verwiesen, dass das beauftragte Unternehmen doch ein guter Steuerzahler im Gemeindegebiet sei. So verbreitet diese oder ähnliche Begründungen auch sein mögen, eine Direktvergabe rechtfertigen sie nicht. Im Gegenteil, zumindest bei Auftragswerten oberhalb der **EU-Schwellenwerte** sind solcherart zustande gekommene Verträge nichtig und können von Wettbewerbern, die am Auftrag interessiert sind, angegriffen oder von der EU-Kommission beanstandet werden.

Doch auch wenn öffentliche Unternehmen ihrer Ausschreibungspflicht grundsätzlich nachkommen, lauern im Vergabeverfahren zahlreiche Gefahren. Dies beginnt bereits in der Vorbereitung, wenn voreingenommene Personen mitwirken oder der Informationsvorsprung des bisherigen Dienstleisters nicht ausgeglichen wird. In der Angebotsphase kann etwa eine **fehlerhafte Beantwortung von Bieterfragen** zu einer Ungleichbehandlung führen. Bei der Wertung der Angebote, dem Hauptstreitfall der Vergabepraxis, können fehlerhafte Zuschlagskriterien oder deren fehlerhafte Anwendung den Unmut der unterlegenen Bieter und der Nachprüfungsinstanzen wecken. Und über allem steht die **Pflicht zur ordnungsgemäßen Dokumentation**, deren Nichtbefolgung selbst eine an sich rechtskonform geführte Ausschreibung kippen kann.

Einen weiteren, nicht zu unterschätzenden Risikobereich stellen **nachträgliche Änderungen bereits abgeschlossener Verträge** dar. Hier ist die Sensibilität in öffentlichen Unternehmen meist am geringsten, gerade wenn ein Vergabeverfahren vorausgegangen ist. Doch die Vergabekammern und Gerichte wachen streng über nachträgliche Vertragsanpassungen. Denn sobald die Änderung wesentlich ist und damit praktisch einer Neuvergabe gleichkommt, greift erneut die Ausschreibungspflicht. Insbesondere die Praxis, unbegrenzt laufende Altverträge nachträglich am Markt vorbei immer weiter „anzudicken", wird in letzter Zeit vermehrt erfolgreich angegriffen.

Was sind nun die **Konsequenzen derartiger vergaberechtlicher Verstöße**? Die nächstliegende Folge ist eine **zeitliche Verzögerung** der benötigten Beschaffung. In der Zwischenzeit können sich Löhne erhöhen, Rohstoffe verteuern, Energiepreise steigen. Dieses Risiko potenziert sich noch, wenn andere Gewerke auf den Leistungsbeginn angewiesen sind. Man muss hierbei nicht nur an bereits abgeschlossene Gewerbemietverträge für Infrastrukturvorhaben denken; auch Folgedienstleistern etwa im Entsorgungsbereich kann durch solche Verzögerungen ein Schaden entstehen.

Eine weitere Folge vergaberechtswidrigen Handelns kann darin bestehen, dass übergangene Unternehmen einen **Anspruch auf Schadensersatz** gegen das öffentliche Unternehmen haben. Solche Schadensersatzansprüche können zum einen auf den Ersatz vergeblicher Aufwendungen gerichtet sein (sogenanntes negatives Interesse), etwa wenn aufgrund eines Vergabefehlers ein Verfahrensstadium erneut durchlaufen werden muss. Wird jedoch ein Auftrag vergaberechtswidrig erteilt und kann ein unterlegener Bieter nachweisen, dass eigentlich er den Auftrag hätte erhalten müssen, kann der Schadensersatz sogar den entgangenen Gewinn (sogenanntes positives Interesse) umfassen.

Ferner kann auch dem Vertragspartner des öffentlichen Unternehmens ein Schaden entstehen. Denn dieser vertraut in der Regel auf den Bestand des abgeschlossenen Vertrages. Sofern er in diesem Vertrauen Dispositionen für die Länge der Vertragslaufzeit tätigt, kann ihm bei anschließender Feststellung der Nichtigkeit oder bei einer Vertragsbeendigung unter dem Druck eines EU-Vertragsverletzungsverfahrens aus diesen vergeblichen Aufwendungen ein Schaden entstehen.

Schließlich ergibt sich ein spezielles vergaberechtliches Risiko für den Fall, dass dem öffentlichen Unternehmen Fördermittel gewährt worden sind. Vergabefehler können den Fördermittelgeber zur teilweisen oder vollständigen **Rückforderung der Fördermittel** ermächtigen. Eine Ausnahme kann sich allenfalls bei minder schweren Vergabefehlern ergeben. Der völlige Verzicht auf eine Ausschreibung ist aber stets ein schwerer Verstoß.

Warum erwächst auch den Verantwortlichen in öffentlichen Unternehmen ein persönliches Risiko aus der Nichteinhaltung vergaberechtlicher Regeln? Zum einen kann der dem öffentlichen Unternehmen entstehende Schaden an die Entscheidungsträger durchgereicht werden. Zum anderen kann den Entscheidungsträgern auch eine strafrechtliche Verantwortung drohen. Zwar existiert kein spezielles „Vergabestrafrecht". Jedoch wird jüngst vermehrt der Tatbestand der Untreue gemäß § 266 des Strafgesetzbuches im Zusammenhang mit dem Verzicht auf ordnungsgemäße Vergabeverfahren diskutiert. Denn die Entscheidungsträger öffentlicher Unternehmen trifft grundsätzlich eine Vermögensbetreuungspflicht, wenn sie Aufgaben wahrnehmen, die Auswirkungen auf das Vermögen des öffentlichen Unternehmens haben. Die gezeigten Schadensersatzansprüche haben Auswirkungen auf das Vermögen. Im Fall einer unzulässigen Direktvergabe kommt noch hinzu, dass aufgrund des Fehlens eines Wettbewerbs fraglich sein kann, ob das Entgelt an das direkt beauftragte Unternehmen überhaupt marktüblich ist. Wenn bei vorschriftsmäßiger Durchführung einer Ausschreibung von einem anderen Unternehmen ein wirtschaftlich günstigeres Angebot abgegeben worden wäre, läge in der Vereinbarung eines höheren Entgelts eine Vermögensdisposition zum Nachteil des öffentlichen Unternehmens und damit ein **Verstoß gegen die Vermögensbetreuungspflicht**.

Die gezeigten Risiken gelten übrigens nicht nur im Anwendungsbereich des EU-Vergaberechts. Auch **unterhalb der europäischen Schwellenwerte** gelten Vorgaben zur Ausschreibungspflicht und kann ein Verstoß gegen diese Vorschriften Schadensersatzansprüche begründen. Das Rückforderungsrisiko bei Fördermitteln ist ohnehin nicht an das Erreichen der EU-Schwellenwerte geknüpft. Da die Vergabe von Dienstleistungskonzessionen, für die das Vergaberecht bislang ausdrücklich nicht galt, seit 2014 ebenfalls in das Vergaberechtsregime einbezogen ist, können Verstöße gegen diese Anforderungen ebenfalls Schadensersatzansprüche nach sich ziehen.

## 4.4 Steuerrecht

Die Besteuerung der wirtschaftlichen Aktivitäten öffentlich-rechtlicher Organisationsformen ist in Deutschland in jüngster Zeit zunehmend in den Fokus der Finanzverwaltung sowie der Rechtsprechung gerückt. Dies gilt sowohl für die Ertragsbesteuerung als auch für den – insbesondere aufgrund der aktuellen Rechtsprechung des Europäischen Gerichtshofes – zunehmend komplexeren Bereich der Umsatzsteuer.

Da die Komplexität der Steuervorschriften weiter zunimmt und der Ermittlungsdruck der Steuerverwaltung auch gegenüber öffentlichen Unternehmen wächst, richtet sich der Fokus verstärkt auf die zuständigen Mitarbeiter und die gesetzlichen Vertreter der Unternehmen. Diese haben für die inhaltliche und organisatorische Erfüllung der laufenden Steuerpflichten Sorge zu tragen. Liegt ein Verstoß gegen steuerliche Pflichten vor, kann sich eine persönliche strafrechtliche Verantwortung der Handelnden sowie der gesetzlichen Vertreter ergeben: zum einen in Form einer Steuerhinterziehung im Sinne des § 370 AO oder einer leichtfertigen Steuerverkürzung im Sinne des § 378 AO sowie zum anderen im Bereich des Organisationsverschuldens in Form einer Aufsichtspflichtverletzung im Sinne des § 130 OWiG.

Das Bundesministerium der Finanzen (BMF) hat in seinem aktuellen Schreiben vom 23.05.2016 (IV A 3 – S 0324/15/10001, IV A 4 – S 0324/14/10001, DStR 2016, Seite 1218) den Anwendungserlass zur AO hinsichtlich des § 153 AO aktualisiert und insbesondere in Tz. 2 detaillierte Ausführungen zur Abgrenzung einer Berichtigung von Erklärungen nach § 153 AO von einer strafbefreienden Selbstanzeige nach § 371 AO gemacht und greift so das Thema Compliance explizit auf. Der bei einem Verstoß gegen steuerliche Pflichten drohende Vorsatz- oder Leichtfertigkeitsvorwurf kann danach ggf. durch die Einrichtung eines innerbetrieblichen Kontrollsystems entkräftet werden (BMF-Schreiben, a. a. O., Tz. 2.6), sodass dann eine bloße Berichtigung nach § 153 AO genügt. Die Behörden sind jedoch gehalten, dies im Einzelfall zu prüfen. Ausführungen zur konkreten Ausgestaltung der innerbetrieblichen Organisationsprozesse enthält das BMF-Schreiben nicht.

Konkreter wird das BMF im Zusammenhang mit den besonderen Anforderungen an die Ausgestaltung eines Internen Kontrollsystems, die Unternehmen beim Einsatz einer elektronischen Buchführung zu beachten haben. Das BMF-Schreiben vom 14.11.2014 zu den „Grundsätzen zur ordnungsmäßigen Führung und Aufbewahrung von Büchern, Aufzeichnungen und Unterlagen in elektronischer Form sowie zum Datenzugriff“ (GoBD) fordert in diesem Zusammenhang beispielsweise die Einrichtung von Zugangs- und Zugriffsberechtigungskontrollen, Funktionstrennungen sowie Verarbeitungskontrollen, die zudem in Form einer Verfahrensdokumentation beschrieben werden müssen (vgl. Abschnitt 6, Rdnr. 100–102).

## 4.5 EU-Beihilfenrecht

Die Beachtung des EU-Beihilfenrechts ist gerade in öffentlichen Unternehmen von großer Bedeutung. Als Teil des Europäischen Wettbewerbsrechts soll das EU-Beihilfenrecht verhindern, dass mit öffentlichen Geldern der binnenmarktrelevante Wettbewerb verzerrt wird. Entsprechend sind nach Art. 107 Abs. 1 AEUV staatliche oder aus staatlichen Mitteln gewährte Beihilfen gleich welcher Art, die durch die Begünstigung bestimmter Unternehmen oder Produktionszweige den Wettbewerb verfälschen oder zu verfälschen drohen, mit dem Binnenmarkt unvereinbar, soweit sie den Handel zwischen Mitgliedstaaten beeinträchtigen. Beihilfen müssen daher grundsätzlich bei der EU-Kommission angemeldet und von dieser genehmigt werden (Notifizierung), bevor sie ausgereicht werden können; lediglich in Ausnahmefällen etwa aufgrund ihrer geringen Höhe („de minimis“) oder ihres Daseinsvorsorgebezugs können sie unter bestimmten Voraussetzungen ohne Notifizierung zulässig sein.

Insoweit gilt das EU-Beihilfenrecht auf Empfängerseite gleichermaßen für private wie für öffentliche Unternehmen. Letztere können aber – im Unterschied zu Privatunternehmen – auch Geber einer unzulässigen Beihilfe sein, da ihre Zahlungen der hinter ihnen stehenden Kommune zugerechnet werden können. Für die Einstufung als Unternehmen im beihilfenrechtlichen Sinn ist jede wirtschaftliche Betätigung auf einem Markt ausreichend, sodass auch die überwiegende Tätigkeit kommunaler Unternehmen erfasst ist. Eine Begünstigung im beihilfenrechtlichen Sinn kann jede Leistung (z. B. direkter Zuschuss, Verlustausgleich, Bürgschaft zu unüblich günstigen Konditionen, Darlehen ohne angemessenen Zins, Grundstücksverkauf zum nicht marktüblichen Preis), aber auch die Minderung einer üblichen Belastung (z. B. Steuerrabatt, kostenfreie Datenbereitstellung) darstellen.

Die Risiken unzulässiger Beihilfen in kommunalen Unternehmen sind mannigfach und gravierend. Das Beihilfenverbot gilt als Verbotsgesetz und führt so zur Nichtigkeit der entsprechenden Verträge mit den damit verbundenen Rückabwicklungsrisiken. Zudem besteht gegebenenfalls eine Pflicht zur Rückgewähr der erhaltenen Beihilfen einschließlich Zinsen, bezogen auf einen 10-Jahres-Zeitraum; gerade für kommunale Unternehmen mit angespannter Finanzlage kann dies schnell den Unternehmensfortbestand infrage stellen. Da die Prüfung beihilfenrechtlicher Risiken Bestandteil des Prüfungsstandards IDW PS 700 ist, können unzulässige Beihilfen auch zu einem eingeschränkten Prüfvermerk führen. Schließlich können (neben der EU-Kommission) auch Wettbewerber gegen eine unzulässige Beihilfe vorgehen und Unterlassung sowie Schadensersatz verlangen.

Angesichts derartiger Risiken liegt die Frage nach den Handlungspflichten und der Haftung der Geschäftsführung oder des Vorstands bei Schäden des Unternehmens aufgrund beihilfenrechtlicher Verstöße nicht fern. Hier ist zunächst beim Erhalt von Vorteilen durch die öffentliche Hand von der Geschäftsführung zu verlangen, dass sie rechtzeitig Auskünfte über die Ordnungsgemäßheit einholt. Gegebenenfalls hat sie auf Maßnahmen der Beihilfen gewährenden Stelle hinzuwirken, die zum Ausschluss einer Beihilfe oder zur Freistellung von der Notifizierungspflicht führen (z. B. „private investor test“, Betrauungsakt). Sollte beides erfolglos bleiben oder weiterhin Zweifel bestehen, besteht eine eigene Prüfungspflicht. Ohne rechtliche Klarheit über die Notifizierungspflicht bzw. den Erfolg von Freistellungs- oder Absicherungsmaßnahmen muss die Geschäftsführung die Annahme einer Beihilfe verweigern. Zu verlangen ist ferner eine regelmäßige Überprüfung potenziell beihilfenrechtlich relevanter Vorgänge im Unternehmen sowie gegebenenfalls das Ergreifen von Einstellungsmaßnahmen, etwa durch Beendigung der Entgegennahme beihilfenrechtswidriger Darlehen oder durch Kündigung beihilfenrechtswidriger Mietverträge. Bei Gefahr einer Rückforderung unzulässiger Beihilfen sind entsprechende Rückstellungen zu bilden. Zusätzliche Anforderungen, etwa Nachweis- und Kontrollpflichten, können bei der Teilnahme an EU-Förderprogrammen bestehen.

# 5 Schutz durch Compliance Management

## 5.1 Elemente eines Compliance Management Systems gemäß IDW PS 980

Der Prüfungsstandard 980 des Instituts der Wirtschaftsprüfer (IDW) gibt öffentlichen Unternehmen Kriterien an die Hand, an denen sie sich bei der Einrichtung eines Compliance Management Systems orientieren können, wenn sie sich vor den o. a. Haftungs- und Reputationsrisiken schützen wollen.

Im Jahr 2011 wurde vom Institut der Wirtschaftsprüfer der Prüfungsstandard 980 „Prüfung von Compliance Management Systemen" (IDW PS 980) veröffentlicht. Der Prüfungsstandard umfasst die im Folgenden aufgeführten sieben Grundelemente, die von einem Compliance Management System angemessen abgedeckt sein müssen, wenn es den Anspruch erhebt, wirksam zu sein: Compliance-Kultur (**1**), Compliance-Ziele (**2**), Compliance-Risiken (**3**), Compliance-Organisation (**4**), Compliance-Programm (**5**), Compliance-Kommunikation (**6**) sowie Compliance-Überwachung und -Verbesserung (**7**) (Abb. 5.1).

Der Prüfungsstandard gibt für diese sieben Elemente bewusst keine konkrete Ausgestaltung oder verpflichtende Compliance-Maßnahmen vor, damit der jeweiligen Größe und Branche der Unternehmen Rechnung getragen werden kann. In der Praxis haben sich jedoch in der Zwischenzeit Mindeststandards herausgebildet, die im Sinne einer „Good Practice" definieren, welche Maßnahmen zur Ausgestaltung der einzelnen Elemente eines Compliance Management Systems eingerichtet sein sollten.

Weitergehende Empfehlungen zu Good Practices enthält der im Jahr 2014 veröffentlichte ISO Standard 19600 „Compliance management systems". Dessen Ziel ist es, weltweit einheitliche Rahmenbedingungen für Compliance Management Systeme zu schaffen und durch entsprechende Empfehlungen Organisationen bei der Implementierung und dem Betrieb eines Compliance Management Systems zu unterstützen (vgl. ISO: ISO/DIS 19600 2014).



J. Seidel und M. Wendt, *Compliance in öffentlichen Unternehmen*, essentials, DOI 10.1007/978-3-658-15974-0_5

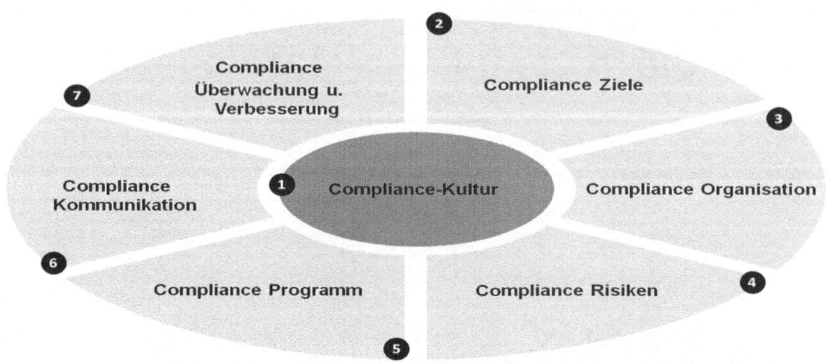


**Abb. 5.1** Elemente eines Compliance Management Systems nach IDW PS 980

In der folgenden Übersicht werden besonders relevante Teilaspekte eines Compliance Management Systems strukturiert nach den im IDW PS 980 genannten sieben Elementen eines Compliance Management Systems dargestellt:

1. **Compliance-Kultur**
   - Bewusstsein für die Bedeutung von Regeln als Grundlage für die Angemessenheit und Wirksamkeit des Compliance Management Systems
   - Wesentlicher Einflussfaktor: Grundeinstellung und Verhaltensweisen des Managements („Tone from the Top")
   - Führungsstil, Vorbildfunktion der Führungskräfte („Tone from the Middle")
   - Sanktionierungspolitik
2. **Compliance-Ziele**
   - Compliance-Definition und Abgrenzung der relevanten Teilbereiche (Rechtsgebiete, Prozesse, Einheiten)
   - Festlegung der wesentlichen Ziele eines Compliance Management Systems auf Grundlage der allgemeinen Unternehmensziele
3. **Compliance-Risiken**
   - Identifikation wesentlicher Compliance-Risiken
   - Einführung systematischer Verfahren zur laufenden Risikoerkennung und -berichterstattung
4. **Compliance-Organisation**
   - Bestimmung der Aufbau- und Ablauforganisation der Compliance-Organisation
   - Festlegung von Rollen, Verantwortlichkeiten und Berichtswegen
   - Ressourcenausstattung

5. **Compliance-Programm**
   - Einführung von Grundsätzen und Maßnahmen zur Begrenzung von Risiken und Vermeidung von Verstößen (Interne Richtlinien)
   - Verhaltenskodex
   - Regelmäßiges Training
   - Vorfallmanagement
   - Management von Regeln und regulatorischen Anforderungen etc.
   - Compliance-Kontrollen und -Maßnahmen auf Unternehmens- und Prozessebene
   - Hinweisgebersystem/Ombudsmann
   - Dokumentation
6. **Compliance-Kommunikation**
   - Information betroffener Mitarbeiter und gegebenenfalls Dritter über das Compliance-Programm sowie die Rollen/Verantwortlichkeiten
   - Festlegung der Berichtswege für Compliance-Risiken und für Hinweise auf Regelverstöße
   - Beratungsstelle/Helpline
7. **Compliance-Überwachung und -Verbesserung**
   - Überwachung der Angemessenheit und Wirksamkeit
   - Monitoring von Design, Effektivität, Design und Effizienz des Compliance Management Systems
   - Compliance-Audits in Hochrisikobereichen

Aufgrund ihrer besonderen Bedeutung für öffentliche Unternehmen sollen im Folgenden die Elemente Compliance-Kultur sowie Compliance-Risiken näher erläutert werden.

## 5.2 Compliance-Kultur

Die Etablierung einer starken Compliance-Kultur ist zentral für die Wirksamkeit eines Compliance Management Systems (vgl. Wendt 2016b, S. 276–277). Im Rahmen des IDW PS 980 wird die Bedeutung der Compliance-Kultur besonders hervorgehoben (vgl. Institut der Wirtschaftsprüfer 2011, Tz. 23; Angermüller und Sorgatz 2014, S. 251–257). Gemäß IDW PS 980 wird die Compliance-Kultur eines Unternehmens im Wesentlichen bestimmt durch den gelebten Wertekanon des Unternehmens und seiner Mitarbeiter sowie den gesamtgesellschaftlichen Kontext, in dem sich das Unternehmen bewegt (vgl. Institut der Wirtschaftsprüfer 2011, Tz. A14). Des Weiteren wird die Compliance-Kultur vor allem durch die

Grundeinstellungen und Verhaltensweisen des Topmanagements sowie durch die Rolle des Aufsichtsorgans („Tone from the Top") geprägt (vgl. Institut der Wirtschaftsprüfer 2011, Tz. 23).

Gerade für öffentliche Unternehmen mit ihrer traditionellen Orientierung an Ordnungsmäßigkeit und Rechtskonformität ergeben sich hieraus besondere Entwicklungschancen (vgl. Weber 2015, S. 329–360, Tz. 403), die jedoch bislang im Öffentlichen Sektor kaum Beachtung gefunden haben. Compliance-Kultur ist als eine Facette des umfassenden Phänomens Unternehmenskultur anzusehen. Das Thema Unternehmenskultur führt unmittelbar zur Frage des Selbstverständnisses und der Attraktivität von öffentlichen Unternehmen. Eine stärkere Beschäftigung mit dem Thema Compliance-Kultur bietet daher öffentlichen Unternehmen die Chance, in jeweils unternehmensspezifischer Weise die zunehmend geforderte Leistungsorientierung mit einer an die eigene (Verwaltungs-)Tradition anschlussfähigen Orientierung in Richtung einer stärkeren Integritäts-Kultur zu verbinden und diese auch öffentlichkeitswirksam zu kommunizieren. Damit könnten sich öffentliche Unternehmen im Zeichen einer zunehmenden Wertschätzung von Medien und Öffentlichkeit für eine nachhaltige Unternehmensführung in einer positiven, an die eigene öffentlich-rechtliche Tradition anknüpfenden Weise von rein privatwirtschaftlichen Unternehmen abgrenzen (vgl. Wendt 2016a, S. 295–298).

Im Bereich der Unternehmenskultur können drei Ebenen unterschieden werden: 1) Basisannahmen, 2) Normen und Standards sowie 3) Symbolsysteme. Die Basisannahmen sind die in einem Unternehmen vorherrschenden Vorstellungen über Umweltbezug, Wahrheit, Menschen, menschliches Handeln und soziale Beziehungen. Normen und Standards sind Maximen, Richtlinien, Verbote, Werte. Symbolsysteme sind Artefakte wie Sprache, Rituale, Kleidung, Umgangsformen. Basisannahmen sind unsichtbar und zumeist unbewusst. Normen und Standards sind teilweise unsichtbar und teilweise unbewusst (Abb. 5.2) (vgl. Schein 2010a, S. 31). Symbolsysteme sind sichtbar, aber teilweise nicht ohne weiteres verständlich.

Im Hinblick auf die Wirksamkeit eines Compliance Management Systems sind insbesondere die in einem Unternehmen vorherrschenden (unsichtbaren) Basisannahmen von besonderem Interesse, da diese in besonderer Weise die Wahrnehmungsselektion und die Informationsverarbeitung der Mitarbeiter eines Unternehmens beeinflussen (vgl. Sackmann 2002).

Auf dieser Grundlage kann eine praxisorientierte Definition von Compliance-Kultur wie folgt formuliert werden:

> Compliance-Kultur ist das Ergebnis einer fortlaufenden Kommunikation von Organisationsmitgliedern mit individuellen und kollektiven Annahmen, Einstellungen und Verhaltensmustern. Diese bestimmt über das Engagement für das

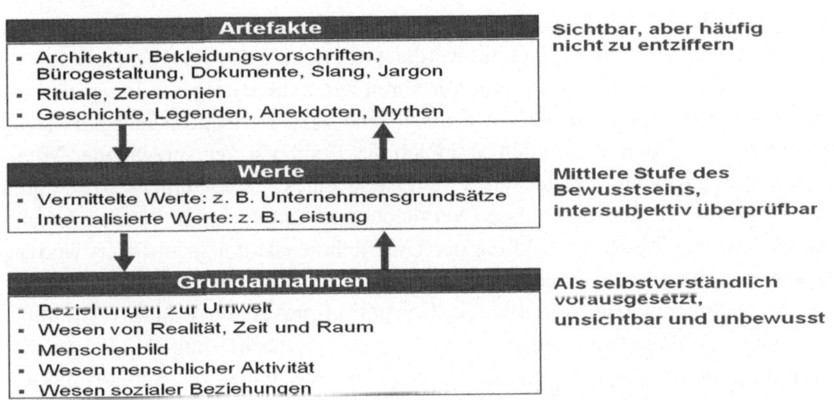


**Abb. 5.2** Das 3-Ebenen-Modell der Unternehmenskultur in Anlehnung an E. H. Schein

Compliance-Programm einer Organisation sowie über dessen Leistungsfähigkeit und Wirksamkeit. Kennzeichnend für Organisationen mit einer starken Compliance-Kultur ist eine Kommunikation, die auf einer gemeinsamen Auffassung bezüglich der großen Bedeutung der Einhaltung von Compliance-Anforderungen und auf dem Vertrauen in die Effizienz präventiver Maßnahmen gründet (vgl. Wendt 2016b, S. 295).

Bestandteile der Compliance-Kultur sind die definierten und gelebten Werte und unternehmenskulturellen Leitlinien eines Unternehmens. Die Einführung oder Weiterentwicklung eines Verhaltenskodex kann hierbei hilfreich sein. Entscheidend ist jedoch der „Tone from the Top", die glaubhaft kommunizierte, auf Unternehmensintegrität ausgerichtete und insoweit vorbildliche Haltung des Topmanagements. Es geht darum, klare und nachvollziehbare Aussagen zu treffen. Diese sollten von Kommunikationsmaßnahmen flankiert werden, um eine möglichst breite Streuung und Bekanntheit innerhalb des Unternehmens zu erzeugen. Glaubwürdige Aussagen in Bezug auf die Anwendung der Leitlinien auf alle Mitarbeiter und konsequente, angemessenes Sanktionierungen sind vor diesem Hintergrund entscheidend.

Veränderungen der Compliance-Kultur können nicht direkt durch Umsetzung von außen vorgegebener Maßnahmen bewirkt werden, sondern setzen eine veränderte Wahrnehmung der Compliance-Maßnahmen seitens der Mitarbeiter voraus, um auf diese Weise perspektivisch die organisationsweite Kommunikation in die gewünschte Richtung zu lenken. Zur Förderung von Veränderungen auf der Wahrnehmungsebene der Mitarbeiter eignen sich insbesondere dialogische Prozesse, in denen Unterschiede zwischen Eigen- und Fremdwahrnehmung für die Mitarbeiter erkennbar und damit thematisierbar werden (vgl. Schein 2010b, S. 251 ff.).

International bereits eingesetzte Verfahren zur Evaluierung der Integritätskultur von Organisationen haben im deutschsprachigen Bereich bislang nur wenig Beachtung gefunden. Durch den Vergleich der Ergebnisse entsprechender Mitarbeiterbefragungen in verschiedenen Bereichen eines Unternehmens bzw. durch den Abgleich mit den Ergebnissen vergleichbarer Unternehmen können Ansatzpunkte für eine Weiterentwicklung der Unternehmenskultur identifiziert werden. In diese Richtung weisen auch die unter der Federführung des Bundesministeriums des Inneren vom Initiativkreis Korruptionsprävention Bundesverwaltung/ Wirtschaft erarbeiteten Fragestellungen zur Selbsteinschätzung der Organisationskultur, die im Rahmen von „Praktischen Hilfestellungen für Antikorruptionsmaßnahmen" im Jahr 2013 veröffentlicht wurden (vgl. Bundesministerium des Inneren 2013, Abschnitt 5) (Abb. 5.3).

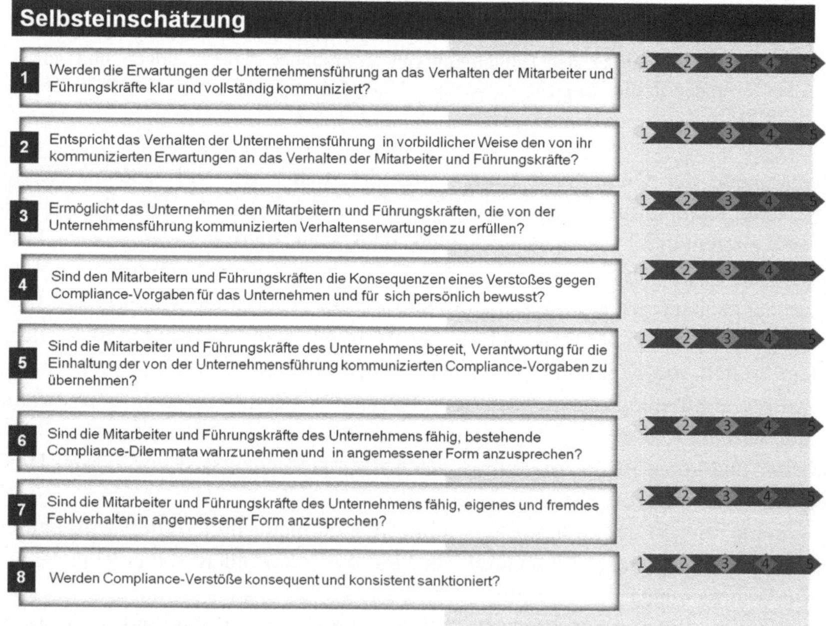


**Abb. 5.3** Fragestellungen zur Selbsteinschätzung der Organisationskultur, veröffentlicht vom BMI-Initiativkreis Korruptionsprävention Bundesverwaltung/Wirtschaft

Im Hinblick auf die o. a. Definition von Compliance-Kultur wird deutlich, dass eine wichtige Aufgabe der für den Betrieb eines Compliance Management Systems verantwortlichen Personen darin besteht, die compliancebezogene Kommunikation in einer Organisation zu fördern.

## 5.3 Compliance-Risiken

Die Beurteilung der Compliance-Risiken durch ein Unternehmen hat wesentlichen Einfluss auf die Wirksamkeit des CMS. Sie stellt die Grundlage für die Entwicklung eines angemessenen Compliance-Programms dar und darf keine einmalige Angelegenheit sein. Vielmehr ist sie ein Regelprozess, der für die kontinuierliche Weiterentwicklung und Verbesserung des CMS notwendig ist (vgl. IDW PS 980, Tz. A16).

Ausgehend von den jeweiligen Compliance-Zielen eines Unternehmens verlangt der IDW PS 980 die Einführung eines Verfahrens zur systematischen Aufnahme und Berichterstattung der bestehenden Risiken für Verstöße gegen einzuhaltende Regeln (Vgl. IDW PS 980, Tz. 23). Die festgestellten Risiken sind dabei im Hinblick auf „Eintrittswahrscheinlichkeit und mögliche Folgen" zu analysieren. Im Rahmen der Risikoanalyse sind die grundsätzlichen Entscheidungen der gesetzlichen Vertreter zur Risikosteuerung (Risikovermeidung, Risikoreduktion, Risikoüberwälzung oder Risikoakzeptanz) zu berücksichtigen (IDW PS 980, Tz. A16).

Hinsichtlich der konkreten Ausgestaltung des Compliance Risk Assessments besteht grundsätzlich ein weites Ermessen des Unternehmens. Der IDW PS 980 benennt beispielhaft folgende „allgemeine Faktoren", die für die Risikoanalyse relevant sein können: Änderungen im wirtschaftlichen und rechtlichen Umfeld, Personalveränderungen, überdurchschnittliches Unternehmenswachstum, neue Technologien, neue oder atypische Geschäftsfelder oder Produkte, Umstrukturierungen, Orte der Geschäftstätigkeit und Expansion in neue Märkte. Darüber hinaus gilt auch in diesem Zusammenhang die grundlegende Verweisung auf allgemein anerkannte CMS-Grundsätze.

In der Praxis sollten bei der Ausgestaltung eines Compliance Risk Assessment in Abhängigkeit von Art, Größe und Komplexität des Unternehmens insbesondere folgende Aspekte berücksichtigt werden (vgl. Wendt und Withus 2015, S. 175–178):

- Umsetzung eines systematischen und unternehmenskulturell anschlussfähigen Erfassungs- und Bewertungsprozesses, der praktisch relevante typisierte Compliance-Risikoszenarien im Rahmen von interaktiven Workshops adressiert (vgl. Busekist und Schlitt 2012, S. 86 ff.). Sicherstellung der Vollständigkeit

der Risikoidentifikation durch Dokumentation der Ergebnisse der Risikoworkshops;
- Einbindung der bestehenden unternehmensinternen Expertise (insbesondere Interne Revision, Recht, Risikomanagement);
- Durchführung einer intersubjektiv nachvollziehbaren Bewertung der identifizierten Compliance-Risiken. Hierbei sollte aus Gründen der Transparenz stringent zwischen einer Bruttobewertung sowie Nettobewertung unter Berücksichtigung der bestehenden oder einzurichtenden Maßnahmen der Risikosteuerung (Risikovermeidung, Risikoverminderung, Risikostreuung, Risikoüberwälzung, Risikotragung) unterschieden werden;
- Konsistente Schätzung der Eintrittswahrscheinlichkeit der Compliance-Risiken durch einheitliche Verwendung von sachgerechten Kriterien (z. B. Wettbewerbssituation, Einsatz von Vertriebsvermittlern, Compliance-Verstöße in der Vergangenheit);
- Verwendung einer konsistenten Methodik zur Schätzung der Folgen des Eintritts von Compliance-Risiken unter Berücksichtigung von Reputationsrisiken;
- Einbindung der relevanten zentralen und dezentralen Entscheidungsebenen.

Ein kontinuierlicher Managementprozess zur Erfassung und Bewertung von Compliance-Risiken sollte Regelungen für den Umgang mit zwischenzeitlichen Veränderungen sowie mit besonderen sonstigen risikorelevanten Ereignissen (Unternehmensübernahmen etc.) enthalten. Ziel sollte es sein, mit einem zumutbaren Aufwand die Aktualität der Compliance-Risikolandschaft sowie die Vollständigkeit der erforderlichen Sicherungsmaßnahmen zu gewährleisten.

# 6 Die Prüfung eines CMS nach IDW PS 980

Die externe Prüfung des Compliance Management Systems nach IDW PS 980 hat sich inzwischen in der Unternehmenspraxis über alle Branchen und Unternehmensgrößen hinweg als Standard etabliert. Viele Unternehmen möchten sich nach der Implementierung ihres Compliance Management Systems von dessen Wirksamkeit überzeugen. Darüber hinaus dient eine Prüfung vielfach auch als Nachweis, um damit Anforderungen von verschiedenen Stakeholdern (insbesondere von Gesellschaftern, Kunden, Lieferanten oder der Öffentlichkeit) nachzukommen. Viele Unternehmen sehen zudem die Möglichkeit, im Falle von auftretenden Compliance-Verstößen unter Hinweis auf eine erfolgreich durchlaufende Prüfung nach IDW PS 980 die Haftungs- bzw. Bußgeldrisiken für Unternehmen und Gremienmitglieder zu reduzieren.

Der IDW PS 980 gibt Unternehmen die Möglichkeit, den Prüfungsgegenstand nach ihren individuellen Gegebenheiten einzugrenzen. Dazu zählt zum Beispiel die Festlegung der relevanten Compliance-Teilbereiche (Antikorruption, Kartellrecht etc.), der Stichtag einer Angemessenheitsprüfung beziehungsweise der Zeitraum einer Wirksamkeitsprüfung. Als Grundlage für die Durchführung einer Prüfung nach IDW PS 980 hat ein Unternehmen die konkrete Ausgestaltung seines CMS in Form einer sogenannten CMS-Beschreibung darzustellen.

Als Compliance-Ziele im Sinne des IDW PS 980 werden die von den gesetzlichen Vertretern auf der Grundlage der allgemeinen Unternehmensziele und „einer Gewichtung der für das Unternehmen bedeutsamen Regeln“ (IDW PS 980, Tz. 23) für die relevanten Compliance-Teilbereiche festzulegenden und im Rahmen eines CMS einzuhaltenden Vorgaben verstanden. Insoweit begrenzt durch die Festlegung der Compliance-Ziele im Rahmen des PS 980 auch den Prüfungsumfang.



J. Seidel und M. Wendt, *Compliance in öffentlichen Unternehmen*, essentials, DOI 10.1007/978-3-658-15974-0_6

Compliance-Risiken werden im IDW PS 980 als potenzielle Verfehlungen der Compliance-Ziele definiert. Die von der Geschäftsleitung festzulegenden Compliance-Ziele sind daher die Grundlage für die im Rahmen des CMS vorzunehmende Identifikation und Bewertung der Compliance-Risiken. Ein Unternehmen hat zunächst im Rahmen einer übergeordneten (strategischen) Risikoanalyse festzulegen, für welche Compliance-Teilbereiche ein CMS eingerichtet werden soll. Hierbei ist zu beachten, dass in der Regel für eine Vielzahl von rechtlichen Risiken im Unternehmen bereits systematische Managementprozesse bestehen.[1] Ein in der Praxis häufig als relevant identifizierter Compliance-Teilbereich, der in der Regel – auch weil er unternehmensübergreifend eine Vielzahl von Prozessen betreffen kann – der Einrichtung eines spezifischen CMS bedarf, ist die Bekämpfung von Korruptionstatbeständen.

Der IDW PS 980 richtet sich grundsätzlich auf die Beurteilung der tatsächlichen Wirksamkeit eines als geeignet beurteilten CMS. Insbesondere in Situationen, in denen Unternehmen ein solches System neu aufbauen oder umstrukturieren, kann es gleichwohl sinnvoll sein, wenn die Verantwortlichen bereits im Laufe des Projektes Teilaussagen zum System erhalten. Gegenstand des IDW PS 980 sind daher neben der umfänglichen Wirksamkeitsprüfung mit der Konzeptionsprüfung sowie der Angemessenheits- und Implementierungsprüfung zwei weitere Prüfungsarten, die insbesondere eine die Entwicklung und Einführung eines CMS begleitende Prüfung ermöglichen sollen (vgl. Institut der Wirtschaftsprüfer 2013, Abschnitt M, Rdnr. 77). Die Konzeptionsprüfung zielt darauf, dem Prüfer eine Aussage mit hinreichender Sicherheit darüber zu ermöglichen, ob die in der CMS-Beschreibung enthaltenen Aussagen über die Grundsätze und Maßnahmen des CMS (und damit auch über den Prozess der Feststellung und Analyse der Compliance-Risiken) in allen wesentlichen Belangen angemessen dargestellt sind. Dies ist der Fall, wenn sie auf die sieben im IDW PS 980 genannten Grundelemente eines CMS eingeht und keine wesentlichen falschen Angaben sowie keine unangemessenen Verallgemeinerungen und unausgewogenen und verzerrenden Darstellungen enthält, die eine Irreführung des Berichtsadressaten zur Folge haben können (IDW PS 980, Tz. 19).

Ziel der Angemessenheits- und Implementierungsprüfung ist es, dem Prüfer eine sichere Aussage Sicherheit darüber zu ermöglichen, ob die in der CMS-Beschreibung die dargestellten Grundsätze und Maßnahmen in Übereinstimmung mit den angewandten CMS-Grundsätzen geeignet sind, mit hinreichender Sicherheit sowohl

[1] So wird z. B. die Einhaltung von lohnsteuerrechtlichen und sozialversicherungsrechtlichen Anforderungen regelmäßig bereits durch die Personalabteilung sichergestellt werden.

Risiken für wesentliche Regelverstöße rechtzeitig zu erkennen als auch solche Regelverstöße zu verhindern, und ob die Grundsätze und Maßnahmen zu einem bestimmten Zeitpunkt implementiert waren (IDW PS 980, Tz. 20). Das Erfordernis der „hinreichenden Sicherheit der Verhinderung von Verstößen" ist im Hinblick auf § 130 OWiG dahin gehend auszulegen, dass das Auftreten von Verstößen wesentlich erschwert wird.

Die Wirksamkeitsprüfung zielt über die Zielsetzung der Angemessenheits- und Implementierungsprüfung hinaus auch darauf, dem Prüfer eine sichere Aussage darüber zu ermöglichen, ob die in der CMS-Beschreibung die dargestellten Grundsätze und Maßnahmen während eines bestimmten Zeitraums wirksam waren. Die Wirksamkeit des CMS ist dann gegeben, wenn die Grundsätze und Maßnahmen in den laufenden Geschäftsprozessen von den betroffenen Personen nach Maßgabe ihrer Verantwortung zur Kenntnis genommen und beachtet werden. (IDW PS 980, Tz. 21). In der Praxis wird als Wirksamkeitszeitraum zumeist ein halbes Jahr oder ein Jahr zugrunde gelegt. Die Prüfungsaktivitäten des Wirtschaftsprüfers erstrecken sich sodann über den entsprechenden Zeitraum.

# Ausblick 7

Verantwortliche in Unternehmen der öffentlichen Hand sind spezifischen Haftungs- und Reputationsrisiken ausgesetzt. Diese lassen sich jedoch über die Einrichtung eines Compliance Management Systems reduzieren.

Für die Wirksamkeit eines Compliance Managements sind die Compliance-Risikoanalyse und die Compliance-Kultur von zentraler Bedeutung. Ein proaktiver und dialogischer Umgang mit diesen Themenfeldern bietet gerade öffentlichen Unternehmen die Chance zur Weiterentwicklung ihrer traditionell werteorientierten Unternehmenskultur (vgl. Wendt 2016a, S. 287–300).

Die gegenwärtig diskutierten Gesetzesinitiativen zur Einführung eines Unternehmensstrafrechts bzw. zur Konkretisierung des Begriffs der „gehörigen Aufsicht“ im OWiG könnten im Ergebnis zusätzliche Anreize zur Etablierung eines wirksamen Compliance Management Systems auch in öffentlichen Unternehmen schaffen. Im Vergaberecht ist das Thema Compliance mit der Vergabereform 2016 bereits angekommen: § 125 GWB verlangt für eine wirksame Selbstreinigung im Falle früherer Verstöße, dass das Unternehmen „konkrete technische, organisatorische und personelle Maßnahmen ergriffen hat, die geeignet sind, weitere Straftaten oder weiteres Fehlverhalten zu vermeiden.“

Wesentliche Impulse für die Weiterentwicklung der Public Corporate Governance können zudem zukünftig von den Beteiligungsverwaltungen bzw. dem Beteiligungsmanagement der Kommunen ausgehen, wenn diese – anknüpfend an aktuelle Tendenzen einer stärkeren Sensibilisierung von Aufsichtsmitgliedern für Fragen der Unternehmenskultur (vgl. Arbeitskreis Externe und Interne Überwachung der Unternehmung der Schmalenbach-Gesellschaft für Betriebswirtschaft e.V. 2014, S. 73–76) ersetzen e. V. 2014, S. 73–76) – das Thema Compliance/ Compliance Management verstärkt in Praxisleitfäden sowie in entsprechende Schulungen für kommunale Aufsichtsratsmitglieder aufnehmen.



J. Seidel und M. Wendt, *Compliance in öffentlichen Unternehmen*, essentials, DOI 10.1007/978-3-658-15974-0_7

# Was Sie aus diesem *essential* mitnehmen können:

- Eine Darstellung der für öffentliche Unternehmen besonders relevanten Compliance-Themenfelder
- Eine Erläuterung der besonderen Schutzwirkung eines Compliance Management Systems (CMS)
- Eine Darstellung der speziellen Anforderungen des CMS-Prüfungsstandards IDW PS 980


J. Seidel und M. Wendt, *Compliance in öffentlichen Unternehmen*,
essentials, DOI 10.1007/978-3-658-15974-0

# Literatur

Angermüller, N. O. & Sorgatz, I. (2014). Der IDW PS 980 zur Prüfung von Compliance-Management-Systemen: Anwendbarkeit in der öffentlichen Verwaltung. ZIR. S. 251–257.

Arbeitskreis Externe und Interne Überwachung der Unternehmung der Schmalenbach-Gesellschaft für Betriebswirtschaft e. V. (2014). Ansatzpunkte für den Aufsichtsrat zur Reduzierung von Überwachungsintensität und -kosten mittels einer guten Unternehmenskultur. Der Betrieb, S. 73–76.

Bundesministerium des Inneren (Hrsg. 2013). Initiativkreis Korruptionsprävention Bundesverwaltung/Wirtschaft. Gemeinsam gegen Korruption. Praktische Hilfestellungen für Antikorruptionsmaßnahmen. http://www.bmi.bund.de/SharedDocs/Downloads/DE/Broschueren/2013/praktische-hilfestellungen-antikorruptions-massnahmen.pdf?__blob=publicationFile (zuletzt am 30.04.2016).

Busekist, K. v.; Schlitt, C. (2012): Der IDW PS 980 und die allgemeinen rechtlichen Mindestanforderungen an ein wirksames Compliance Management System (2) – Risikoermittlungspflicht, in: CCZ 3/2012, S. 86 ff.

Institut der Wirtschaftsprüfer (Hrsg. 2013): WP Handbuch 2014, Band 2, 14. Aufl., Düsseldorf, Abschnitt M, Rdnr. 77.

Institut der Wirtschaftsprüfer (2011). Prüfungsstandard 980. Grundsätze ordnungsmäßiger Prüfung von Compliance Management Systemen.

ISO: ISO/DIS 19600: Compliance management systems – Guidelines (International Standard), o. O. 2014.

KPMG (2013): Public Corporate Governance und Compliance. Ein Leitfaden für öffentliche Unternehmen.

KPMG (2006). Anti Fraud Management – Best Practice der Prävention gegen Wirtschaftskriminalität.

Sackmann, S. A. (2002). Unternehmenskultur: Analysieren – Entwickeln – Verändern.

Schein, E. H. (2010a). Organisationskultur (3. Aufl.).

Schein, E. H. (2010b). Prozessberatung für die Organisation der Zukunft (3. Aufl.)

Stober, R. (2012). Compliance in der öffentlichen Verwaltung – Eine Anforderung zwischen moderner Governance und klassischem Verwaltungsethos, DVBl, S. 391–401.

Verband kommunaler Unternehmen (2014): Compliance in kommunalen Unternehmen: Ein Überblick. (2. Aufl.)



J. Seidel und M. Wendt, *Compliance in öffentlichen Unternehmen*, essentials, DOI 10.1007/978-3-658-15974-0

Weber, W. (2015). Compliance in kommunalen Unternehmen – Public Compliance. In: Wurzel, G. & Schraml, A. & Becker, R. (Hrsg.) Rechtspraxis der kommunalen Unternehmen (3. Aufl.), S. 329–360.

Wendt, M. (2016a). Public Corporate Compliance – Besonderheiten des Compliance Managements in öffentlichen Unternehmen, in: KPMG AG Wirtschaftsprüfungsgesellschaft (Hrsg.): Das wirksame Compliance-Management-System, 2. Aufl., S. 287–300.

Wendt, M. (2016b). Compliance-Kultur. In: Hauschka, C. E. & Moosmayer, K. & Lösler, T. (Hrsg.): Corporate Compliance. Handbuch der Haftungsvermeidung im Unternehmen (3. Aufl.), S. 273–296.

Wendt, M.; Withus, K.-H. (2015). Compliance-Risikoanalyse aus Sicht des Wirtschaftsprüfers, In: Moosmayer, K. (Hrsg.). Compliance-Risikoanalyse. Praxisleitfaden für Unternehmen. S. 167–179.